위험에 처한 멸종위기 동물

글: 까밀라 데 라 베거제
런던동물학회(ISL) 회원이며, 런던 고등학교 교사입니다.
지금까지 자연 세계에 관련된 어린이와 성인을 위한 책을 200권 이상 집필하였습니다.

옮긴이 : 김미선
중앙대학교 사학과 졸업 후 미국 마켓대학교에서 커뮤니케이션으로 석사 학위를 받았습니다. 오랫동안 여러 출판사에서 어린이·청소년 책을 소개하며 책과 인연을 맺었습니다. 현재 번역에이전시 엔터스코리아에서 어린이·청소년 책 출판 기획 및 전문 번역가로 활동하고 있습니다.
옮긴 책으로는 『미리 보는 지구 과학책』, 『디즈니 무비 동화 : 모아나』, 『프레지던트 힐러리 : 세상을 변화시키고 싶은 꿈과 열망의 롤모델(청소년 롤모델 시리즈 8)』, 『디즈니 무비 픽처북 주토피아』, 『어두운 건 무서운 게 아냐!(피노키오 그림책 5)』, 『안 입을 거야!(피노키오 그림책 6)』, 『말썽꾸러기 플라스틱 골칫덩어리 쓰레기(행동하는 어린이 1)』, 『위험해지는 날씨 기후변화(행동하는 어린이 2)』가 있습니다.

Hazardous Habitats & Endangered Animals written by Camilla de la Bédoyère
Text, design and Illustration © Welbeck Children's Limited 2020
Korean translation rights © Smart Junior 2021
All rights reserved.
Published by arrangement with Welbeck Children's Limited, an imprint of the Welbeck Publishing Group through AMO Agency

이 책의 한국어판 저작권은 AMO 에이전시를 통해 저작권자와 독점 계약한 스마트주니어에 있습니다. 저작권법에 의해 한국 내에서 보호를 받는 저작물이므로 무단 전재와 무단 복제를 금합니다.

위험에 처한 멸종위기 동물

초판 1쇄 펴낸날 2021년 2월 28일
초판 3쇄 펴낸날 2022년 5월 10일

글쓴이 | 까밀라 데 라 베거제   옮긴이 | 김미선   감수 | (사)자연의벗연구소
사진출처 픽스베이, 국립생물자원관
펴낸이 | 이영남   편집·디자인 인디나인
등록 2013년 5월 16일 제2013-000150호
주소 마포구 상암동 월드컵북로402, KGIT빌딩 925D호
전화 02-338-4935   팩스 02-3153-1300   메일 thinkingdesk@naver.com

© 2018 Thames & Hudson Ltd, London
ISBN 978-89-97943-73-9 74300
ISBN 978-89-97943-68-5 74300(세트)

- 이 책은 저작권법에 따라 보호받는 저작물이므로, 저작자와 출판사 양측의 허락 없이는 다른 곳에 옮겨 싣거나 베껴 쓸 수 없으며 전산 장치에 저장할 수 없습니다.
- 생각하는책상은 스마트주니어의 어린이책 전문 브랜드입니다.
- 어린이제품안전특별법에 의한 제품 표시
  제조자명: 스마트주니어 | 제조년월: 2022년 5월 | 제조국: 대한민국 | 사용연령: 7세 이상

The publishers would like to thank the following sources for their kind permission to reproduce the pictures and footage in this book. The numbers listed below give the page on which they appear in the book. (T=top, B=bottom, L=left, R=right, C=centre)

ALAMY: /WaterFrame: 16—17
GETTY IMAGES: /Martin Bureau/AFP: 55L
NATURE PICTURE LIBRARY: /Mark Bowler: 25BL; /Mark Carwardine: 257, 29B; /Jordi Chias: 45TR; /Tui De Roy: 18T, 53TL; /Leo & Mandy Dickinson: 58BL; /Gerry Ellis: 27T; /David Fleetham: 50BR; /Jurgen Freund: 48L; /Dr Axel Gebauer: 59BR; /Edwin Giesbers: 59TC; /Mitsuaki Iwago: 52-53; /Steven Kazlowski: 60; /Valeriy Maleev: 59TR; /Thomas Marent: 4C, 20-21; /Luiz Claudio Marigo: 39TL; /Claus Meyer: 24-25; /Hiroya Minakuchi: 25BCR; /Fred Olivier: 5C, 56-57; /Pete Oxford: 52B, 53TC; /Mike Parry: 49BL; /TJ Rich: 4T, 8-9; /Kevin Schafer: 18C; /Philip Stephen: 50L; /Paul D Stewart: 53TR; /Wim van der Heever: 58-59; /Staffan Widstrand: 29T; /Tony Wu: 9C
SCIENCE PHOTO LIBRARY: /Dr Morley Read: 10-11
SHUTTERSTOCK: /AS Inc: 1, 2-3; /AlinaMD: 54BR; /Allexxandar: 50-51; /Arcady: 63BR; /Andrey Armyagov: 5T, 42-43; /ArnuphapY: 42B; /Austral Int: 40BR; /Beer1024: 31R; /Bildagentur Zoonar GmbH: 12BL; /biletskiyevgeniy.com: 37R; /Brichuas: 60L; /Rich Carey: 16BR, 23BL, 23BR, 54-55; /Ramon Carretero: 44BC; /Cat Act Art: 12R; /Chainfoto24: 47TR; /Cherstva: 53B (person); /DJTaylor: 41TR; /Damsea: 46-47; /Danm12: 5B, 62-63; /Chase Dekker: 10TL; /Marcos del Mazo Valentin: 47B; /DigitalNatureScotland: 21C; /eAlisa: 59TL; /David Evison: 23TR; /Peter Fodor: 35BR; /Svetlana Foote: 23BCR; /Stanislav Fosenbauer: 10TR; /Funkyplayer: 32BL; /Juan Gaertner: 10BR; /Giedriius: 18B; /GizmoPhoto: 18TC; /Tom Goaz: 10BL; /Leonardo Gonzalez: 51BR; /Handoko Ramawidjaya Bumi: 23TC; /Kerry Hargrove: 33TR; /Mark Higgins: 23TL; /Paul Michael Hughes: 54R; /Hung Chung Chih: 25BR, 28-29; /Hunthomas: 15TR; /Ian 2010: 19T; /Ink Drop: 63TR; /Javarman: 26B; /Kashurka: 62BL; /Kazoka: 19B; /Erika Kirkpatrick: 39R; /Lunamarina: 44BR; /Makhh: 26-27; /Maggy Meyer: 4B, 32-33, 37TL, 37TCL; /Joe Morris 917: 44-45; /Mr.anaked: 45L; /Oleksandra Naumenko: 55TR; /Nerthuz: 19TC; /Shin Okamoto: 16L; /Vlasto Opatovsky: 34-35; /Ostill is Franck Camhi: 25BCL; /Pio3: 24B, 36B; /Pking4th: 53B (camera); /Stu Porter: 37TR; /Anton Prohorov: 53B (bin); /Ondrej Prosicky: 18BC, 38-39, 39BL; /Pyty: 17T; /Stephen William Robinson: 12-13; /Longchalerm Rungruang: 30-31; /Roman Samokhin: 19BC; /Sedin: 45TL; /Singkham: 31L; /Smileus: 4-5, 40-41; /Joseph Sohm: 30BR; /Donny Sophandi: 23BCL; /Studio Kiwi: 55TL; /Super Prin: 19C; /Andrew Sutton: 44BL; /Zoltan Tarlacz: 34BR; /Tarpan: 61T; /Anna Timoshenko: 18-19; /Travelgram2019: 37TCR; /Ueuaphoto: 56B; /Sergey Uryadnikov: 22-23, 36-37; /V_E: 48-49; /Vaalaa: 41TL; /Wanprae.O: 25T; /Wavebreakmedia: 40BL

Every effort has been made to acknowledge correctly and contact the source and/or copyright holder of each picture, any unintentional errors or omissions will be corrected in future editions of this book.

위험에 처한 멸종위기 동물

까밀라 데 라 베거제 글 | 김미선 옮김 | (사)자연의벗연구소 감수

생각하는책상

차례

추천사	6
달콤한 우리 집, 위험에 처한 동물의 집	8
동물의 서식지	10
북적북적 우리들 세상	12
기후 변화	14
공해	16
대량 절멸	18

산림	20
열대우림	22
아마존	24
섬	26
온대림	28
나무를 사랑해 주세요!	30

초원	32
북쪽 지방의 초원	34
아프리카 사바나	36
남아메리카 초원	38
초록빛 풀밭을 만들어요!	40

해양 42
열린 바다 44
해변 46
산호초 48
해저 50
갈라파고스 제도 52
플라스틱과 싸워요! 54

산악 지대와 극지방 56
산악 지대 58
북극과 남극 60

초록빛 미래를 위해 62
우리나라의 생물 다양성 64
용어 해설 70
해답 72

추천사 자연을 사랑하는 어린이들에게

> 동물이 없다면, 인간은 어떻게 될까?
> 만약 모든 동물이 사라진다면, 인간은 영혼의 외로움을 느끼며 죽게 될 것이다.
>
> - 시애틀 인디언 추장

　지구는 45억 년 전에 태어났습니다. 지구에서 가장 오래된 생명체는 39~35억 년 전에 출현한 고박테리아입니다. 이런 미생물이 지구에 등장한 뒤로 점점 더 많은 생물이 지구에 출현하게 되었습니다. 지구는 태양에너지에 의한 탄소와 물의 순환을 통해 모든 생물이 살아갈 수 있는 환경을 제공합니다. 지구에 사는 것으로 확인된 생물은 현재 175만 종이지만 실제로는 1,000만 종 이상이 살고 있을 것으로 추정되고 있습니다.

　세계자연기금(WWF)이 발행한 〈지구 생명 보고서〉(2016년)에 따르면 40년 동안 지구의 생물 다양성은 절반 아래로 감소했다고 합니다. 1970년부터 2010년 사이에 전 세계적으로 야생에 서식하는 육상 생물의 39퍼센트, 담수 생물의 81퍼센트, 해양 생물의 36퍼센트가 사라졌습니다. 특히 열대 지역에서 야생동물의 개체 수 감소가 많아졌습니다. 생물 다양성 감소의 주원인은 서식지 소실과 파괴, 기후변화입니다.

　인도양의 작은 섬, 모리셔스에 살던 도도새는 300년 전에 멸종되었습니다. 도도새는 동화 『이상한 나라의 앨리스』에서도 등장하는 몸무게 20킬로그램 정도에 키가 1미터인 타조처럼 날지 못하는 새입니다.

　16세기 초, 포르투갈 선원들이 모리셔스섬에 도착한 이후 맛이 좋다는 이유로 무분별하게 포획돼 결국 지난 1681년을 마지막으로 지구상에서 완전히 사라졌습니다. 도도새의 경우처럼 사람들은 인간의 공간을 넓히고 식량을 찾기 위해 무분별하게 서식지를 훼손하고 동식물들을 포획하였습니다.

산업혁명 이후에 250년 동안 사람들은 화석연료를 마구 쓰며 산업을 발전시켰습니다. 지구가열(지구온난화)과 기후변화가 심각해져서 태풍, 장마, 불볕더위와 같은 기후 현상들이 예측하기 힘들 정도로 우리의 생존을 위협하고 있습니다.

2050년이면 식물 15퍼센트, 동물 37퍼센트가 사라질 위험에 처하고 2100년이면 현재 생물 종의 반 정도가 사라질 것이라는 예측도 나오고 있습니다.

기후변화와 인간의 경제활동을 위해 서식지 파괴, 환경오염, 질병처럼 멸종의 원인은 많아졌습니다. 기후 위기에 처한 멸종위기 동물들이 이대로 계속 위협을 받고 줄어든다면 인류의 생존도 불가능한 일입니다.

이제는 우리 어린이들도 사라져가는 동물들에 대해서 학습하고 지키는 활동을 함께 펼치기 바랍니다.

(사) 자연의벗연구소
오창길 대표

달콤한 우리 집, 위험에 처한 동물의 집

우리의 집을 머릿속에 떠올려 보세요. 집은 우리 가족들을 안전하게 지켜주는 곳이지요. 편안한 침대와 음식, 물 등 여러분에게 필요한 기본적인 것들이 갖추어져 있고, 비바람을 피할 수 있는 피난처가 되어 주기도 해요. 동물의 집을 가리켜 서식지라고 부르는데, 여러분에게 집이 중요한 만큼 동물들도 마찬가지랍니다. 서식지가 훼손되면 동물과 식물들은 위험해질 수도 있어요. 우리들의 잘못된 행동에 대해 생각해 본 적이 없을 수도 있지만, 이제 상황이 달라지고 있어요.

알아두기

포유류 중 4분의 1 이상이 멸종위기에 처해 있어요. 이러한 멸종위기종의 수는 계속해서 늘어나고 말 거예요. 지금 우리가 행동에 나서지 않는다면요.

위험에 빠진 동물들

어떤 특정한 종이나 종 전체가 살아남기 위해 발버둥 치고 있다면, 우리는 이 동물을 '멸종위기에 빠졌다'고 말합니다. 말 그대로 멸종할 수 있다는 뜻이에요. 영원히 없어진다는 말이지요. 2만 8천 종이 넘는 종이 멸종위기에 빠진 이유는, 우리 인간들이 동물들의 서식지에 피해를 주고 있기 때문입니다.

동물의 서식지

서식지는 조약돌 틈새처럼 아주 작을 수도 있고 바다처럼 거대할 수도 있어요. 동물과 식물은 자신의 서식지에 알맞게 진화했어요. 하지만 대다수가 하나 이상의 서식지에 살 수 있고, 자기만의 집을 짓고 살기도 한답니다.

스스로 집을 마련해요

비버

비버는 나뭇가지로 흐르는 강물에 댐을 만들어요.
이렇게 해서 깊은 연못을 만들고
그곳에 나무 오두막집을 짓는답니다.

흰개미

흰개미는 진흙으로 집을 짓는 것이 특징이에요.
흙더미 하나에만 흰개미 수백만 마리가
살 수 있어요.

흰동가리

흰동가리는 말미잘의 촉수 사이에 살아요.
촉수에 쏘여도 해를 입지 않는
유일한 물고기거든요.

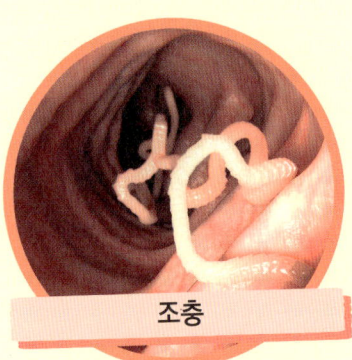

조충

기생충은 동물의 몸속 또는 그 위에서 살아요.
조충은 장 속에 살면서
숙주가 먹은 음식을 먹이로 삼아요.

이 올챙이들은 자라서 할리퀸독개구리가 된답니다. 개구리가 열대우림의 작은 웅덩이에 알을 낳으면 올챙이로 부화해요. 올챙이 시절에는 물속에서 수영하고 숨 쉬지요. 다리가 나오고 폐가 생기면서 개구리가 되면 자신의 첫 번째 집을 떠난답니다.

북적북적 우리들 세상

백 년 전만 해도 전 세계 인구는 20억 명 정도였는데, 현재는 77억 명이나 된다고 해요. 그리고 우리는 모두 물과 음식, 살 곳이 필요해요. 그래서 인간은 농장을 만들고 광산을 파거나 도시를 만들면서 자연 서식지에 살고 있던 동물을 밀어내고 말았어요.

산업화가 가져온 피해

농장

육지의 3분의 1 이상은 농업을 하는 데 쓰여요. 닭은 약 1만 년 전, 사람들이 가축으로 기른 첫 번째 동물일 거예요. 아시아에 살던 멧닭의 후손으로 알려져 있어요. 현재 지구상에는 닭이 200억 마리 넘게 살고 있답니다. 하지만 슬프게도 대부분은 닭장에 갇혀서 살아요.

채굴

인간은 화석 연료나 금속, 미네랄 등을 얻기 위해 광산에서 채굴을 해요. 하지만 이러한 활동 때문에 동물의 서식지가 훼손되고 공해를 일으킬 수 있지요. 휴대폰에는 금, 은, 백금, 콜탄, 산화알루미늄과 같은 광물질이 들어 있어요. 이러한 물질은 대개 콩고 민주공화국의 숲속에서 캐오는데, 그곳은 수많은 고릴라들의 보금자리였지요.

다행히 어떤 종들은 인간의 활동에 적응하여 잘 살고 있답니다. 참새들은 전 세계 어디에서나 둥지를 틀고 살아요. 개체 수는 최소 5억 마리가량 되지만, 최근 그 수가 급격히 줄어들었어요. 농업에서 쓰이는 화학약품과 공해 때문이에요.

반박 불가! 사실일까? -아니면- 틀렸다고?

A. 전 세계에서 축구장 27개와 맞먹는 크기의 산림이 1분마다 파괴되고 있습니다.

B. 야자유 농장은 193종이나 되는 동물들의 보금자리이기도 합니다.

C. 여러분이 쓰는 휴대전화기는 일 년에 한 번씩 더 좋은 기종으로 바꾸어야 해요.

답은 책 뒤편에 있어요.

기후 변화

지구가 45억 살이 되기까지 날씨는 끊임없이 변화했답니다. 오늘날에는 점점 더워지거나 추워지고, 건조해지며 습해졌어요. 대부분의 기후 변화는 자연스럽게 일어나지만, 지금 일어나는 현상은 인간의 활동 때문에 나타난 거예요. 그것도 끔찍한 결과로 말이지요.

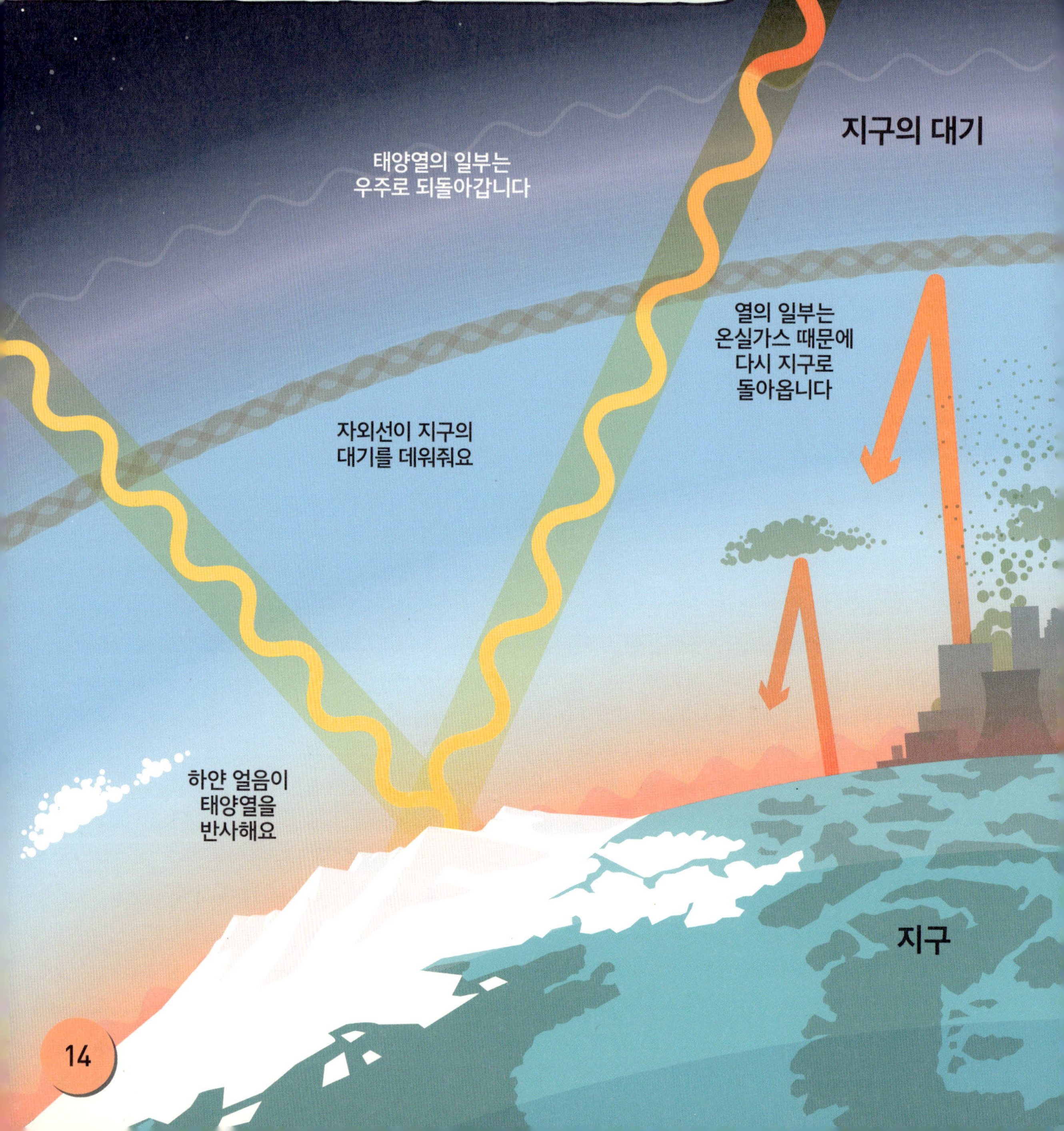

지구의 대기

태양열의 일부는 우주로 되돌아갑니다

열의 일부는 온실가스 때문에 다시 지구로 돌아옵니다

자외선이 지구의 대기를 데워줘요

하얀 얼음이 태양열을 반사해요

지구

14

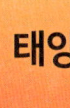

태양

지구 가열 (지구 온난화)

석탄과 가스 같은 화석 연료는 에너지를 만들어주는 자원입니다. 이것은 아주 먼 옛날에 살던 동물과 식물에서 만들어졌어요. 살아 있는 모든 것들과 마찬가지로, 화석 연료에도 탄소가 있어요. 우리가 에너지를 얻기 위해 화석 연료를 태우면 탄소가 공기와 결합하여 이산화탄소라는 가스를 만들어요. 이것이 우리 대기로 흘러 들어가는 거예요.

온실가스층

화석 연료를 태워서 나오는 온실가스는 대기로 퍼져나갑니다

온실 효과

이산화탄소와 메탄 같은 온실가스는 지구 가까이에 있는 태양열을 가두어 버리는 이불 역할을 해요. 이렇게 해서 대기의 온도를 높이고 말지요. 이를 두고 '온실 효과'라고 부른답니다.

15

공해

공해는 환경에 해로운 물질이 생기는 것을 말해요. 공해는 땅과 공기, 물에 나쁜 영향을 주어서 동물의 서식지를 해롭게 만들어요. 대기오염은 화석 연료를 태워서 나오는 이산화탄소와 같이 눈에 보이지 않아요.

수질 오염

인간이나 가축에서 나오는 하수를 비롯해 공장과 농장에서 나오는 화학 약품은 바다나 강물로 흘러가기도 합니다. 이렇게 되면 물속을 서식지로 생활하는 동물들에게 해로운 영향을 끼치게 됩니다.

수은은 석탄을 태우거나 광물을 캘 때 나오는데 아주 해로운 물질입니다. 수은은 물고기와 돌고래, 작은 고래의 몸속으로 들어가고, 이들을 먹는 인간의 몸속에 고스란히 들어갑니다.

매일 8백만 개가 넘는 플라스틱 쓰레기가 바다로 흘러가고 있어요. 플라스틱은 해변에서부터 바다 밑바닥에 이르기까지 어디에나 있어요. 심지어 북극의 얼음에서도 발견됩니다.

산성비

화석 연료를 태우면 이산화황과 산화질소가 나와요. 이러한 가스들이 대기 중의 물과 반응하면 대기를 산성으로 만듭니다. 이렇게 독성이 있는 액체를 '산성비'라고 부르는데 산림을 휩쓸어버릴 만큼 해로워요. 중부 유럽에 있는 '블랙 트라이앵글(BLACK TRIANGLE)' 숲이 산성비에 큰 피해를 본 적이 있는데, 다행히 지금은 발전소에 필터를 설치한 뒤로 다시 회복되고 있답니다.

알아두기

자동차들은 이산화탄소와 같은 해로운 미세먼지를 내뿜어요. 그리고 차 밖보다 차 안에 이러한 미세먼지가 더 많지요. 왜 자전거를 타거나 걷는 것이 더 좋은지 알겠지요!

전깃불에서 나오는 빛 공해도 해로울 수 있어요. 거북이는 해변에서 알을 낳을 때, 달빛을 보며 바다로 가는 위치를 찾아요. 만약 거북이들이 인공으로 만든 불빛을 본다면, 고개를 육지로 향할 테고 물가로는 영영 갈 수 없게 되어요.

대량 절멸

지구 역사에서 다섯 번, 4분의 3 이상의 종들이 사라져 버린 적이 있어요. 이를 '대량 절멸'이라고 부릅니다. 많은 과학자가 현재 여섯 번째 대량 절멸에 접어들고 있다고 예측합니다. 그 원인은 우리 인간에게 있습니다.

적색 목록

멸종 등급을 말할 때 과학자들은 절멸에서 취약까지 다섯 단계로 나눕니다. 어떤 종이 영원히 사라지기까지 얼마나 남았는지 알려주지요.

절멸(EX): 지구상에서 단 한 개체도 남아 있지 않은 상태입니다.

야생 절멸(EW): 이러한 종들은 동물원이나 야생동물 보호구역과 같이 어디엔가 갇힌 상태에서만 생존해 있습니다.

위급(CR): 이 종은 야생에서 멸종될 위험이 매우 높은 상태입니다.

위기(EN): 이 종은 야생에서 멸종될 가능성이 높습니다.

취약(VU): 이 종은 야생에서 멸종될 위험이 있습니다.

플로레아나땅거북

긴칼뿔오릭스

피그미미국너구리

호랑이

남부바위뛰기펭귄

멸종위기종

1964년부터 지금까지, 국제자연보호연합(IUCN)에서는 동물과 식물에 대한 정보를 모아 오고 있습니다. 그 결과, 2만 8천여 종이 위험에 처해 있다는 사실이 밝혀졌어요.

산호의
33퍼센트

상어와 가오리의
30퍼센트

새의
14퍼센트

포유류의
25퍼센트

양서류의
40퍼센트

산림

참나무 한 그루에도 수백 종의 곤충이 살 수 있대요. 그러니 숲 전체는 얼마나 많은 동물의 보금자리가 될지 상상이 되겠지요! 지구 전체에 나무가 모두 몇 그루나 되는지 세어 본 사람은 없지만, 최대 3조 그루(숫자로 표현하면 3,000,000,000,000이에요) 정도 될 거예요. 그중 대부분은 숲과 산림에서 자라고 있답니다.

열대림

열대림의 나무들은 아마존 유역 같은 대체로 더운 지역에서 자랍니다. 이곳은 거미원숭이의 집이기도 하지요. 덥고 비가 많이 내리기 때문에 열대림이 만들어질 수 있는 좋은 조건을 갖추었어요. 건조한 열대림은 우기가 지난 뒤 길고 건조한 건기가 뒤따라오는 곳에 있어요. 운무림의 나무들은 산 위에서 자랍니다. 이곳은 기온이 다소 낮고 자욱한 구름에 나무가 가릴 때도 있어요.

온대림

온대림에서는 비와 온화한 기후, 햇살 등 다양한 계절을 만끽할 수 있어요. 유럽은 온대림에 속하는데 붉은날다람쥐가 이곳에 살지요. 낙엽수들은 가을에 잎을 떨어뜨려 추운 겨울 동안 쉬면서 에너지를 보충할 준비를 한답니다.

열대우림

수마트라섬과 보르네오섬의 열대우림은 다양한 동물들의 보금자리예요. 오랑우탄과 호랑이, 코뿔소와 코끼리가 야생에서 더불어 사는 유일한 곳이기도 합니다. 하지만 인간이 이 서식지를 해롭게 만들고 있어요.

지구 어디에?

보르네오
수마트라

보르네오오랑우탄은 대부분 열대우림의 나무 꼭대기에서 산답니다. 매일 밤 잎이 무성한 나뭇가지로 잠자리를 만들어요. 그런데 이제 이곳에는 보르네오오랑우탄이 십만 4천7백 마리밖에 남아 있지 않답니다.

위험에 빠진 멋진 동물들

수많은 열대우림의 생물 중 여기 세 가지 종의 동물이 멸종 위험에 처해 있어요.

수마트라호랑이

수마트라코뿔소

보르네오코끼리

열대우림을 살려주세요

30년 전만 해도 수마트라와 보르네오섬은 열대우림으로 뒤덮여 있었어요. 하지만 인간의 욕심 때문에 열대우림의 크기가 확 줄어들고 말았지요.

삼림 벌채

야자수와 커피나무를 심느라 많은 지역에서 나무를 베어버렸어요.

산불

보통 농사를 짓기 전, 땅을 깔끔히 만들어 놓으려고 일부러 불을 지릅니다. 이를 '화전'이라고 합니다.

밀렵

사냥꾼들은 코뿔소의 뿔이나 코끼리의 상아 등을 불법으로 팔아 버립니다.

불법 벌목

목재나 종이 생산 등을 목적으로 불법으로 몰래 나무를 베어 버리기도 합니다.

반박 불가! 사실일까? -아니면- 틀렸다고?

A. 야자유가 들어 있는 물건을 구매할 때, 환경을 파괴하지 않고 생산한 물건인지 확인하여 열대우림을 도와주어요.

B. 호랑이나 코끼리, 코뿔소 등의 동물로 만든 상품은 선물로 제격이랍니다.

C. 지속해서 생산 가능한 목재에서 얻은 종이와 상품을 구매해요. 열대우림을 돕는 데 가장 좋은 방법이랍니다.

답은 책 뒤편에 있어요.

아마존

아마존은 세계에서 가장 유명한 열대우림이지요, 400여 부족이나 되는 원주민들의 삶의 터전이기도 해요. 이들은 수천 년 동안 자연과 더불어 살아왔어요. 숲은 산소와 물을 제공해 주는데, 그 덕분에 지구가 시원하게 유지되는 것이랍니다.

지구? 어디에

아마존 열대우림
남아메리카

아마존 깨알 정보

생물군계: 열대우림
면적: 5백 5십만 제곱킬로미터 이상 (우리나라의 55배)
강수량: 연간 1.5미터 ~ 3미터
알고 있었나요?
13,700여 종의 식물이 오직 여기 아마존에서만 자란답니다.

아마존이 왜 중요한가요?

 나무는 이산화탄소를 흡수합니다.
즉, 공기 중에 있는 온실가스를 없애주는 역할을 하지요.

 나무는 우리가 숨 쉬는 데 필요한 산소를 배출하고,
공기 중에 물을 내뿜습니다. 덕분에 기온을 낮출 수 있어요.

아마존의 식물과 동물은 약을 개발하는 데 쓰입니다.

거대한 아마존강

세상에서 가장 큰 강인 아마존강은 아마존 유역을 가로질러 흘러갑니다.
강은 이곳 생물군계에 없어서는 안 될 중요한 역할을 해요. 적어도 2천5백 종 이상의 물고기(수많은 포유류도 마찬가지지요)가 아마존강에 의지하며 살거든요.

피라냐

자이언트수달

강돌고래

카피바라

섬

섬은 육지에서 따로 떨어져 물에 둘러싸인 곳이에요. 그래서 섬에 있는 숲은 지구 그 어느 곳에서도 볼 수 없는 야생동물들의 보금자리가 되기도 하지요. 이 동물들의 서식지가 훼손되면, 생태계 전체가 완전히 없어져 버릴 수도 있습니다.

지구 어디에?

오스트레일리아
뉴질랜드
마다가스카르

마다가스카르

옛날 옛적에, 마다가스카르섬은 '곤드와나'라고 불리던 거대한 대륙의 일부였어요. 8천8백만 년 전, 마다가스카르는 이 대륙에서 따로 떨어져 나와 아름답고 숲이 울창한 섬이 되었지요. 여기에 사는 수많은 동물은 토착종(한 곳에서만 사는 동물)이 되었어요. 여우원숭이와 다람쥐원숭이가 바로 여기에만 사는 토착종이랍니다. 다람쥐원숭이는 기다란 손가락으로 나무에서 벌레를 빼내는 특기를 가지고 있는데, 지금은 멸종위기 영장류가 되었어요. 다람쥐원숭이의 사촌 격인 거대다람쥐원숭이는 이미 인간의 손에 멸종되고 말았어요.

오스트레일리아(호주)

곤드와나 대륙이 갈라질 무렵, 거대한 땅이 떨어져 나와 오스트레일리아가 되었어요. 이곳 숲에 사는 유대목 동물들(주머니에 새끼를 넣고 다니는 동물)은 지구상 어디에서도 볼 수 없는 독특한 친구들이랍니다. 그중 코알라는 유칼립투스 나무에서 사는 유일한 유대목 동물이에요. 이곳 서식지 대부분이 파괴되며 1천여 종의 생물들이 지금 멸종 위험에 처해 있습니다.

동물들을 보살펴주세요

너무 실망하지 마세요. 우리가 바꿀 수 있어요! 1980년, 뉴질랜드 근처에 있는 채텀 군도에는 검은개똥지빠귀가 단 다섯 마리밖에 남아 있지 않았답니다. 그중 '올드 블루'라고 불리는 암컷이 낳은 알을 누군가가 가져가서 위탁 부모새에게 키우도록 했어요. 위탁 부모새에게 자란 검은개똥지빠귀는 알을 더 많이 낳았고, 그렇게 해서 어른으로 자란 후손들이 개체 수를 300마리나 늘렸답니다.

온대림

온대림도 위험에 빠져 있어요. 유럽에서 자라는 토종 나무의 절반 이상이 멸종될 위험에 처해 있고, 미국 역시 1600년 이후 자연 산림의 약 90퍼센트가 사라져 버렸답니다. 이 때문에 동물들도 살기 힘들어졌어요. 다행히 몇몇 종은 조금씩 되살아나고 있답니다.

중국의 산림에 사는 판다는 대나무를 먹어요. 10년에서 100년에 한 번씩 어떤 지역에 있는 대나무가 모조리 죽어 버리면, 판다는 새로운 보금자리를 찾아 떠납니다. 하지만 이곳 숲의 대부분이 파괴되어 판다들이 새로운 대나무 숲을 찾기 힘들어졌어요. 지금 야생에 남아 있는 판다의 수는 채 2천 마리도 되지 않아요.

다시 만나서 반가워, 회색늑대야

수백 년 전만 해도 회색늑대는 북아메리카와 유럽, 아시아의 넓은 지역에서 살았어요. 하지만 인간이 늑대 사냥에 나서고 숲을 없애 버리면서 멸종 직전까지 이르고 말았지요. 그 후로 늑대를 인공 사육하여 야생에 다시 돌려보내는 데 성공했답니다.

카카포(올빼미앵무새)에게 닥친 위기

커다란 몸집에 날지 못하는 특징을 가진 올빼미앵무새는 뉴질랜드의 온대림에 살아요. 사람들이 나무를 베어 버리고 고양이와 쥐, 담비를 풀어 버렸어요. 이 포식자들은 카카포의 알과 새끼를 먹어 치웠고 결국 70여 마리밖에 남지 않았어요. 이제 올빼미앵무새는 보호종이 되어 2019년 현재 213마리까지 늘어났답니다.

나무를 사랑해 주세요!

여러분이 사는 곳에 있는 나무들은 열대우림에 있는 나무들만큼이나 중요해요. 건강한 환경을 만들어 주고, 공기도 깨끗이 걸러 주면서, 야생동물에게 좋은 보금자리가 되어 주고 여러분을 행복하게 해 주니까요! 여러분 주변에 있는 나무에 대해 좀 더 알아보아요.

여러분도 할 수 있어요

목재나 종이를 얻기 위해 숲속의 나무를 베어낼 때가 있어요. 또 목장이나 야자유 농장을 만들기 위해 숲을 싹 쓸어버리기도 해요.

 채식을 더 많이 해요.

 야자유를 살 때 친환경 농법으로 기른 나무에서 얻은 것인지 확인해요.

 가능하면 종이는 양면을 다 쓰자고요.

 종이를 새로 살 때 친환경적으로 만든 것인지 확인해요.

 포장지는 다시 써요.

본받아요, 우리!

왕가리 마타이 박사(1940-2011)는 '그린벨트 운동'을 통해 케냐에 나무를 심는 활동을 펼쳤어요. 그린벨트 운동 덕분에 1977년부터 510만 그루나 되는 나무가 새로 뿌리를 내렸지요. 이 활동으로 마타이 박사는 2004년에 노벨평화상을 수상했답니다.

알아두기

세상의 나무들은 해마다 25억 톤이나 되는 이산화탄소를 빨아들인답니다.

여러분도 멋진 활동가

여러분이 사는 곳에 나무가 어떤 도움을 주는지 알아봅시다.
앞으로 나무를 더 많이 심어 보는 건 어때요?

나무를 심어요

토종 나무를 심어요. 토종 나무는 다른 나라에서 온 것이 아닌, 여러분이 사는 곳에 오랫동안 뿌리를 내리고 사는 나무예요. 토종 나무는 야생 동물에게 가장 좋은 서식처를 만들어 주지요.

나무를 안아 주세요!

나무의 몸통은 나이가 들수록 더욱 커지고 굵어집니다. 나무를 끌어안으면 나무가 얼마나 자랐는지 금세 알 수 있어요. 팔을 양쪽으로 쭉 뻗은 다음 나무를 안아 주세요. 나이가 아주 많은 나무의 나이를 세어 보려면 친구를 많이 데리고 와야 할 거예요.

여러분은 숲의 친구인가요?
여러분의 지식을 테스트해 보세요

1. 보리얼 숲(북방침엽수림)은 어디에 있을까요?

   A. 보르네오섬
   B. 러시아
   C. 마다가스카르섬

2. 전 세계에 나무는 모두 몇 그루 있을까요?

   A. 3백만 그루
   B. 30억 그루
   C. 3조 그루

3. 카카포가 무엇일까요?

   A. 새의 한 종류
   B. 열대 과일 중 하나
   C. 여우원숭잇과 동물

답은 책 뒤편에 있어요.

초원

초원은 너무 건조해서 숲을 이루기 힘들지만, 물은 충분히 있기 때문에 땅이 사막으로 되는 것을 막아 줍니다. 광활하면서도 평평한 이곳은 전 세계 육지의 약 4분의 1이나 차지하며, 다양한 야생동물의 낙원이기도 합니다. 나무도 별로 없고 숨을 곳도 별로 없지만요. 하지만 사슴이나 영양 등 많은 동물이 무리를 이루어 살기 때문에 포식자로부터 가족을 지킬 수 있어요.

열대 초원

아프리카 사바나와 같은 열대 초원은 적도 근처에 있습니다. 이곳은 건기와 우기로 나뉘는데 일 년 내내 따뜻한 기후를 자랑한답니다.

온대 초원

온대 초원은 적도에서 멀리 떨어져 있어요. 이곳에서는 건조한 바람이 세게 불기 때문에 겨울에는 춥고 여름에는 덥지요. 북아메리카의 온대 내륙에 넓게 발달한 초원인 프레리에는 검은발족제비가 사는데, 야생에 겨우 370여 마리만 남아 있습니다. 그리고 인간의 농경지 개발로 인해 북아메리카의 대초원에는 프레리 지대가 단 1퍼센트만 남았다고 해요.

북쪽 지방의 초원

비교적 선선한 북쪽 지역에 있는 온대 초원에서는 다양한 계절을 맛볼 수 있어요. 언뜻 이곳은 황량해 보일 수 있지만, 가지각색의 야생 동물에게 더할 나위 없이 좋은 보금자리랍니다. 전 세계 어디에서나 온대 초원은 농장 때문에 큰 위협을 받고 있어요.

지구 어디에 ?

북아메리카 — 프레리

아시아 — 스텝

프레리 지대

북아메리카 지역의 '그레이트 플레인스'는 '프레리 지대'라고도 부르는데, 면적이 무려 300만 제곱킬로미터나 된답니다. 더운 여름이 찾아오면 풀의 씨앗이 익으며 풍부한 먹이가 되어 주어요. 어떤 동물들은 겨울 동안 북극에서 불어오는 찬 바람과 눈을 피해 겨울잠을 자기도 합니다.

프레리도그는 땅속에 굴을 파서 집을 만들어요. 이렇게 만든 '마을'에 약 150여 종의 식물과 동물이 모여 살지요. 농장을 만든다고 이 친구들의 마을을 없애 버리면, 프레리도그는 완전히 사라지고 맙니다. 같은 생태계에 있는 다른 동물들도 함께 말이에요.

프셰발스키말은 스텝 지대가 농장으로 바뀌기 시작한 1960년대부터 멸종의 길로 들어섰어요. 그 뒤, 인공 번식을 한 끝에 다시 야생으로 보내지면서 지금은 약 50마리까지 늘어났어요.

스텝 지대

중앙아시아의 스텝 지대는 북쪽의 침엽수림과 남쪽의 사막에 걸쳐 있는데 넓이가 무려 250만 제곱킬로미터나 된답니다. 황량하기 짝이 없는 겨울에는 얼음으로 뒤덮이지만, 여름이 되면 건조하고 타는 듯한 더위가 이어집니다. 스텝 지대는 들칠면조(느시)처럼 많은 멸종위기 동물의 보금자리이기도 합니다.

아프리카 사바나

아프리카 세렝게티에 있는 사바나는 완벽한 기후에 기름진 흙까지 더해져서 풀이 매우 잘 자라는 곳이에요. 이곳 생태계는 풀을 뜯어 먹는 수많은 발굽 동물들과 커다란 육식 동물들의 든든한 터전이랍니다.

영양과 얼룩말은 거대한 무리를 지어 비를 따라 세렝게티의 이곳저곳을 돌아다녀요. 이들은 1,000킬로미터에 이르는 길을 둥그런 방향으로 다니며 폭우 뒤에 무럭무럭 자란 풀들을 뜯어 먹습니다.

세렝게티에 대해 알아보아요

생물군계: 열대 초원
면적: 2만 5천 제곱킬로미터
강수량: 북쪽 기준 연간 1.4미터
알고 있었나요?
세렝게티는 타조의 세계 최대 군락지입니다.

위험에 빠진 멋진 동물들

갈수록 메말라 가는 기후변화와 밀렵 때문에 세렝게티의 생태계는 위험에 처해 있어요. 여기, 아래에 있는 네 종의 동물도 멸종위기에 있습니다

검은코뿔소   표범   아프리카코끼리   치타

**반박 불가!
사실일까?
-아니면-
틀렸다고?**

A. 풀은 동물이 흙을 파헤칠 정도로 먹어도 계속 자랍니다.

B. 풀밭에 꽃이 피려면 벌이 와서 수정해 줘야 해요.

답은 책 뒤편에 있어요.

남아메리카 초원

남아메리카에도 초원 생태계가 있어요. 북쪽 열대 지방의 덥고 비가 많이 오는 야노스에서부터 남쪽의 온대 팜파스까지 드넓게 펼쳐져 있지요. 카피바라와 오리노코 악어 같은 동물들은 야노스에 사는데, 석유 생산과 농장 때문에 이들의 서식지가 위협받고 있어요.

지구 어디에?

19세기에 사슴 가죽을 얻으려는 사람들 때문에 단 10년 동안 무려 2백만 마리나 되는 팜파스사슴이 사냥에 희생되었습니다. 그 이후로 팜파스사슴의 99퍼센트가 서식지를 잃고 말았어요.

다양한 초원들

세라도 지대

세라도 지대는 남미에서도 가장 다양한 동물이 사는 초원이에요. 하지만 그중에서 법적으로 보호받는 지역은 3퍼센트에 지나지 않아요. 나머지는 농경으로 인해 빠르게 변하고 있어요. 그 결과, 갈기늑대와 같은 동물들은 살 곳을 잃고 위험에 처하고 말았습니다.

판타나우 지대

파라과이강이 흐르는 판타나우 지대는 남미에서 가장 넓은 습지를 자랑합니다. 하지만 금광과 농장에서 나온 화학 물질이 강물로 스며드는 바람에 하야신스마코금강앵무와 같은 야생동물들을 위험에 빠뜨리고 있습니다.

팜파스 지대

팜파스 지대의 초원 대부분은 우루과이와 아르헨티나에 있는데, 이 소중한 초원 대부분이 농장으로 바뀌고 있어요. 그래서 레아와 같은 야생동물의 살 곳도 함께 사라지고 있습니다.

초록빛 풀밭을 만들어요!

세계의 초원들은 환경오염과 기후 변화, 무분별한 농장 운영 때문에 많은 위협을 받고 있어요. 여러분도 환경에 관심을 가져보세요. 자연을 오염시키지 않고 자연 그대로의 환경과 잘 어울리며 생활한다면 이곳에 사는 동물과 식물도 살릴 수 있어요.

여러분도 할 수 있어요

 방에서 나올 때는 불을 끄고 나가요.

 추울 때는 난방 온도를 높이지 말고 옷을 몇 겹 더 껴입어요.

 목욕보다는 샤워가 좋아요.

 자동차를 타기보다 자전거를 타거나 걸어 다녀요.

 물을 계속 틀어놓고 양치하지 마세요.

 지역 농장에서 기른 신선한 음식을 구매하세요.

 차를 타고 어딘가에 가야 한다면 다른 이들과 함께 타는 방법을 알아보아요.

본받아요, 우리!

데이비드 드 로스차일드는 사람들에게 우리의 보금자리가 얼마나 소중한지 알려주기 위해 많은 노력을 기울입니다. 데이비드가 소속된 팀은 12,500개나 되는 플라스틱 병으로 배를 만들어 태평양을 횡단하기도 했어요. 그는 이 배의 이름을 '플라스티키'라고 지었어요. 그는 이 여행을 통해 사람들이 플라스틱 쓰레기가 만드는 환경오염 문제에 대해 알게 되도록 했답니다.

이런 멋진 활동도 있어요

지금 쓰고 있는 물의 양을 줄이고, 먼 곳에서 수입한 음식보다 가까운 곳에서 생산한 음식을 먹는다면, 여러분도 환경오염을 줄일 수 있어요.

푸드마일리지를 알아보자

생산된 곳에서 여러분의 접시에 오르기까지 이동한 거리를 '푸드 마일리지(식료품 이동 거리)'라고 부릅니다. 여러분의 주방에 있는 음식이 얼마나 많은 거리를 여행했는지 한번 조사해 보세요.

비가 좋아요

통에 빗물을 담아 식물에 주는 거예요. 지붕에서 홈통으로 흘러들어 오는 빗물을 통에 바로 담을 수도 있지요.

여러분은 초록빛 풀 만큼이나 초록초록한가요?
여러분의 지식을 테스트해 보세요

1. 빨래가 젖어 있어요. 여러분은 어떻게 할 건가요?

   A. 빨래 건조기에 한 시간 정도 돌려야 할까요?

   B. 밖에 걸어두고 말려야 할까요?

   C. 그냥 몸에 걸치고 마르게 내버려 둘까요?

2. 소가 음식을 먹은 뒤, 트림을 하고 방귀를 뀔 때 나오는 온실가스는 무엇일까요?

   A. 이산화탄소

   B. 산소

   C. 메탄

3. 다음 중 가장 친환경적이고 깨끗한 간식은 무엇일까요?

   A. 당근 스틱과 삶은 달걀

   B. 초콜릿 과자

   C. 구운 소고기 샌드위치

답은 책 뒤편에 있어요.

41

해양

바다는 지구에서 가장 큰 해양 서식지입니다. 물은 생명이 처음 시작된 곳이며, 아주 작은 플랑크톤에서부터 가장 큰 동물인 대왕고래에 이르기까지 다양한 동물들로 북적이는 곳이기도 합니다. 바닷물은 열을 가두어 서식지를 안정적으로 만드는 역할을 하면서 끊임없이 움직입니다. 그리고 거대한 물결을 이루며 흘러가다 적도 근처에 가서는 따뜻해지기도 하고, 극지방에 가서는 차가워지기도 합니다.

날씨를 만들어요

바다는 지구의 날씨를 만듭니다. 바닷물이 열을 흡수하면 물방울이 위로 증발하여 구름을 만들지요. 바다 위의 따뜻한 공기는 이동하며 바람을 만들고 구름을 육지로 밀어내어 비를 뿌리게 합니다.

열린 바다

지구의 바다는 저 멀리 수천 킬로미터만큼 길게 뻗어 있습니다. 바다 위에서는 대왕고래가 일정하게 파도를 일으키는 모습만 보일 뿐 생명의 흔적은 거의 찾을 수 없습니다. 하지만 해수면 아래에는 수십억 마리의 동물들이 이 거대한 서식지에서 헤엄을 치거나 둥실둥실 떠다니고 있지요.

위기에 빠진 포식자들

바다에는 먹을거리가 참 많아요. 따라서 커다란 포식자 역시 그에 맞추어 진화해 왔지요. 하지만 고래와 돌고래의 4분의 1과 140종 이상의 상어들, 그리고 다른 커다란 물고기들은 이제 모두 위험에 직면해 있어요. 여기에 나온 녀석들도 마찬가지예요.

대왕고래

백상아리

참다랑어

바다에 닥친 위협

많은 동물의 보금자리이기도 한 바다의 미래가 어두워요. 그 이유를 살펴 보아요

남획

일부 고래와 돌고래, 그리고 대구나 참다랑어 등 우리가 먹는 물고기가 멸종위기에 처해 있습니다.

기후 변화

바닷물이 따뜻해지면서 산성으로 바뀌고 있어요. 산호와 같은 일부 동물들은 산성화된 물에서는 살 수 없답니다.

오염

해양 오염(플라스틱과 화학물질, 기름 등)의 80퍼센트 이상이 육지에서 흘러들어 온 것이에요.

대이동

동물들은 조류의 도움을 받아 바다 이곳저곳을 헤엄쳐 다닙니다. 이렇게 해서 짝을 만나고, 새끼를 기르며, 먹이를 찾을만한 곳을 찾는 것이지요. 매년 회색고래는 얼음이 둥둥 떠다니는 북극에서부터 멕시코 근처의 열대 해양까지 수천 킬로미터를 여행합니다. 회색고래의 나이가 45살에 이를 때까지 헤엄친 거리는 지구에서 달까지 갔다가 돌아오는 거리와 맞먹을 정도로 길다고 해요!

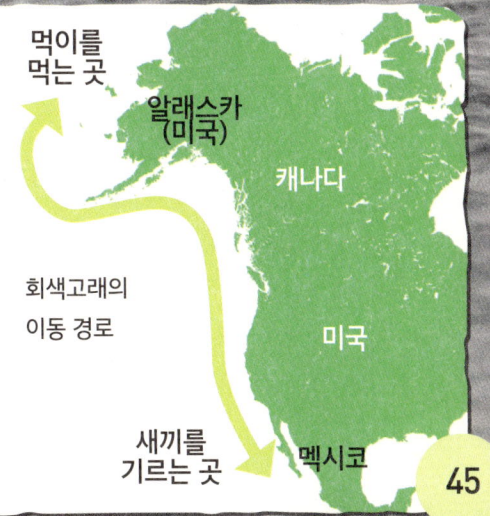

먹이를 먹는 곳

알래스카 (미국)

캐나다

회색고래의 이동 경로

미국

새끼를 기르는 곳

멕시코

해변

해변은 육지와 바다가 만나는 곳이나 그 근처를 말해요. 해변은 시시때때로 변한답니다. 파도가 육지를 연달아 두드리며 해변과 절벽, 암초 등을 만들기 때문이지요. 오늘날에는 인구의 약 40퍼센트가 해변에 살아요. 그 결과, 이 소중한 보금자리에 갖가지 문제가 일어나고 있습니다.

변화무쌍한 해변

해변은 동물들이 살기 힘든 곳이기도 해요. 파도도 세고, 바닷바람이 세차게 불어오는 데다가 조수의 차도 크기 때문이지요. 밀물과 썰물 때문에 해수면의 높이도 오르락내리락하는데, 이 때문에 물 밑에 가라앉아 있던 동물들이 어느 날에는 바깥에 그대로 모습을 드러내기도 한답니다.

햇빛이 가장 위 표면에 있는 물을 통과하면 조류와 해초가 광합성을 통해 에너지를 얻습니다.

파도가 치면서 해안을 침식(깎아 내림)시켜요.

밀물과 썰물의 영향으로 해수면이 위아래로 오르내립니다.

강물이 해안가에 있는 바다로 흘러들어 갑니다.

맹그로브 습지

맹그로브 나무는 특별한 연안 습지(해안가 근처에 있는 습지)에서 자라요. 하지만 이 귀중한 서식지도 새우 양식장에 밀려 사라지고 있습니다. 최근 50년 동안 맹그로브 습지의 절반 이상이 없어지고 말았어요.

주둥이가 긴 해마는 오물과 해양 관광, 오염 등으로 인해 사라질 위험에 처한 동물 중 하나에요. 공장과 농장에서 흘러나오는 화학물질은 강물을 타고 바다로 흘러들어 갑니다.

산호초

산호초는 '바다의 열대우림'이라고 불려요. 그만큼 다양한 생물들이 살고 있기 때문이지요. 산호초 대부분은 해안 근처의 따뜻한 열대성 바다에서 자랍니다. 작은 동물이 만든 돌덩이 같은 암초를 폴립이라고 부르는데, 폴립이 살아남기 위해 깨끗한 물은 꼭 필요해요.

산호 백화현상

밤이 되면 돌산호류는 단단한 주둥이 밖으로 촉수를 뻗어 먹이를 먹는데, 그 과정에서 색소를 내뿜습니다. 지금은 돌산호류가 죽어 수많은 산호의 색깔이 하얗게 변하고 있어요. 주요 원인은 지구 가열(지구 온난화) 때문이겠지만, 플라스틱에도 책임이 있습니다.

알아두기

2016년에서 2017년에 이르기까지 오스트레일리아의 그레이트배리어리프에 사는 연안 산호들이 백화 현상으로 죽고 말았습니다.

지구 어디에?

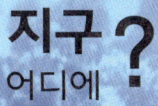
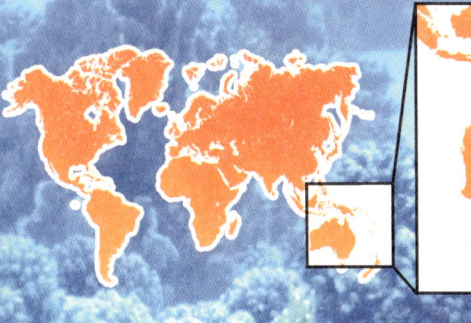

그레이트 배리어리프
오스트레일리아

그레이트배리어리프

호주 해안을 따라 무려 2천 킬로미터나 뻗어 있는 그레이트배리어리프는 독특한 생태계를 자랑한답니다. 이곳은 다음과 같은 동물들의 보금자리이기도 해요.

1,500여 종이 넘는 물고기들

134종의 상어와 가오리

411종의 산호

6종의 바다거북

30종이 넘는 해양포유류

바다에 사는 코끼리

듀공은 독특한 외모를 자랑하는 포유류인데 약 3미터까지 자랍니다. 듀공은 산호초 근처의 안전한 곳에서 해초를 뜯어 먹으며 살아요. 녀석들은 그레이트배리어리프에서 보호를 받으며 살지만, 다른 곳에서는 산호초가 죽어가면서 서식지도 덩달아 없어지고 있어요.

해저

투명한 해수면의 아래로 내려가 보면 어둡고 고요한 곳이 나와요. 해저는 진흙과 모래로 두껍게 싸여 있는데, 이상하고도 신비한 동물들의 보금자리랍니다. 하지만 이렇게 머나먼 곳도 인간의 활동 때문에 이제는 안전한 곳이 되지 못하고 있어요.

해저를 싹쓸이하는 이들

'저인망 어선'이라고 부르는 거대한 배는 우리가 먹을 물고기를 어마어마하게 많이 잡아요. 저인망 어선은 그물로 물고기뿐만 아니라 바다 밑에 사는 동물들을 모조리 잡아들이기 때문에 서식지를 완전히 망가뜨려요. 사람들에게 필요 없는 물고기나 동물이 잡히면 다시 배 밖으로 던져버리는데, 그렇게 버려진 동물들은 그대로 목숨을 잃고 맙니다.

전자리상어

전자리상어는 한때 대서양에서 흔하게 볼 수 있었어요. 하지만 지금은 심각한 멸종위기에 처해 있습니다. 너무 많이 잡아버렸기 때문이지요. 전자리상어는 낮 동안 해안 근처의 바다 밑에서 휴식을 하고 밤에는 사냥에 나섭니다.

해초는 수심이 얕고 햇빛이 통과하는 바다의 바위투성이 바닥에서 자랍니다. 아이스크림 등의 음식이나 화장품을 만들 때 해초가 쓰여요. 해초를 자르면 물고기나 성게, 해마, 불가사리 등의 해양 생물의 집이 없어지는 것과 마찬가지예요.

반박 불가! 사실일까? -아니면- 틀렸다고?

A. 바다는 500여 종에 가까운 다양한 물고기의 보금자리예요.

B. 바다는 지구의 날씨를 조절하는 데 도움을 준답니다.

C. 많은 사람에게 물고기는 중요한 식량자원이에요.

답은 책 뒤편에 있어요.

갈라파고스 제도

독특한 생태계를 자랑하는 갈라파고스 제도는 태평양에 있으며 19개의 섬과 40개 이상의 작은 섬으로 이루어져 있어요.
지금은 갈라파고스 국립공원으로 지정되어 보호받고 있지만, 기후 변화와 환경오염 때문에 여전히 위험한 상태에 놓여 있답니다.

지구 어디에?

바다사자

바다사자는 주로 범고래나 상어의 습격을 받아 목숨을 잃지만, 그보다 더 큰 위협은 기후 변화에서 옵니다. 바닷물이 너무 따뜻해지면 자신과 새끼들의 먹이를 충분히 찾을 수 없어요.

바다이구아나

갈라파고스 제도는 바다도마뱀류가 살 수 있는 유일한 서식지입니다. 바다이구아나는 일광욕을 하고 난 뒤 바다에 뛰어들어 바위투성이 해저에 있는 해초를 뜯어 먹어요.
바다 이구아나는 바닷속에서 한 번에 20분가량 잠수할 수 있답니다.

특이한 동물들

갈라파고스 제도의 개성 넘치는 동물들을 소개합니다.

푸른발얼가니새

코끼리거북

갈라파고스 검은채찍뱀
(레이서스네이크)

여행에도 책임이 따라요

갈라파고스 제도는 사람들에게 아주 인기가 많은 여행지예요. 매해 25만 명이 이렇게나 멀리 떨어진 곳을 찾는답니다. 이곳을 여행하는 사람에게는 중요한 책임이 있어요.

 사진만 찍고, 발자국만 남겨요.

 야생동물과 적당한 거리를 유지합시다. 그리고 만지거나 먹이를 주면 안 돼요.

 해변에 쓰레기가 남지 않도록 해 주세요.

플라스틱과 싸워요!

플라스틱 오염으로 우리의 바다는 거대한 쓰레기통으로 변하고 있어요. 우리가 살아가는 데 플라스틱은 어느 정도 필요하지만, 이제는 책임감 있는 모습으로 사용해야 해요. 다시 말해, 언제 어디서든 가능한 한 적게 사용해야 한다는 뜻이지요.

여러분도 할 수 있어요

이제는 바다로 플라스틱이 흘러가지 않도록 "아니요"를 말해요.

 아이스크림을 먹을 때 플라스틱 통 말고 콘에 담아 먹어요.

 플라스틱 랩에 싸이지 않은, 개별 과일이나 채소를 구매해요.

 플라스틱 빨대는 이제 그만! 여러분의 입술이 음료를 마시기에 훨씬 더 좋으니까요.

 물티슈에도 플라스틱이 들어 있어요. 젖은 천을 사용하는 것이 좋아요.

여러분도 멋진 활동가

자신만의 샴푸를 만들어요

고체 형태로 된 샴푸는 플라스틱 용기가 필요 없지요. 그리고 더할 나위 없이 멋진 선물이 되기도 한답니다!

플라스틱 물려주기

이제는 쓰지 않는 플라스틱 장난감을 모아 중고품 가게에 보내거나 필요한 누군가에게 물려 주어요.

본받아요, 우리!

환경에 대한 정보를 다른 이들에게 나누면 환경 보호 활동가들을 도울 수 있어요. 벤 르콩트는 어마어마한 거리 - 대서양을 건너 무려 5,980킬로미터요 - 를 헤엄치며 해양 오염의 심각성에 대해 알렸어요. 벤의 해양 탐험기에 대해 좀 더 알고 싶다면 https://benlecomte.com로 들어가 보세요.

여러분은 플라스틱 악당인가요, 아니면 바다의 수호자인가요?
여러분의 지식을 테스트해 보세요

1. 여러분이 운동할 때 살펴 보세요.

   A. 여러 번 재사용할 수 있는 물병을 쓰나요?

   B. 중간에 생수를 사나요?

   C. 목마르지 않기 위해 달리기를 하지 않나요?

2. 샌드위치를 포장할 때, 무엇을 사용하나요?

   A. 밀랍으로 코팅한 재사용 가능 천

   B. 플라스틱 랩 - 완전 편하거든!

   C. 아무것도 쓰지 않는다. 손에 막 묻어나는 샌드위치가 더 맛있다.

3. 젖은 수건이 든 봉지를 여러분은 어떻게 할 건가요?

   A. 어딘가에 걸어 말린 뒤 다시 쓰나요?

   B. 그냥 버리나요?

   C. 젖은 수건이 들어 있는 봉지를 침대 밑에 둔 채 그냥 잊어버리나요?

답은 책 뒤편에 있어요.

산악 지대와 극지방

어떤 동물과 식물은 살아가기 힘든 서식지에서도 살아남도록 적응했습니다. 남극과 북극 같은 극지방의 날씨는 매우 견디기 힘들어요. 많은 산도 차디찬 바람과 눈보라에 노출되어 있지요. 몇 달, 심지어는 몇 년 동안이나 계속해서 들이닥칠 때도 있답니다. 그러다가 더운 계절이 오면 탈 것처럼 뜨거운 햇살로 메말라가요.

무너져 내리는 생태계

알파인 아이벡스(산악 염소)와 같은 동물들은 극한 환경에서도 잘 살 수 있도록 적응했습니다. 하지만 이 친구들도 역시 위험한 상황에 놓여 있어요. 얼음이 녹으면서 이들은 새로운 보금자리를 찾아 떠나야 합니다. 그중 일부는 살아남지 못할 거예요.

알아두기

극지방에 있는 얼음은 지구 전체의 90퍼센트를 차지합니다. 이곳의 얼음이 전부 녹아 버리면 전 세계의 해수면은 60미터나 상승하게 됩니다.

산악 지대

높은 산에서 생활하면 많은 어려움이 있어요. 고도가 높은 곳에서는 지구의 공기가 희박해지기 때문에 태양에서 내려오는 해로운 자외선을 덜 흡수하게 되지요. 산꼭대기는 매우 건조하고 토양층이 있더라도 매우 얇기 때문에 나무가 뿌리 내리기도 힘듭니다.

지구 어디에?

중국
파키스탄
히말라야산맥
인도

히말라야산맥

히말라야산맥은 세계에서 가장 높은 산인 에베레스트산이 속해 있는 산맥이에요. 기후 변화 때문에 이 지역에서도 변화가 급격하게 일어났어요. 얼음이 녹으면서 이 지역의 강과 기후에 영향을 끼친 거예요. 이렇게 되면 남쪽에 사는 수십억 명의 사람들에게 문제를 일으키게 될 거예요.

위험에 빠진 동물들

히말라야산맥에 사는 동물 대다수가 멸종위기에 처해 있어요.
아래와 같은 동물들도 말이지요.

야크

너구리판다

사향노루

고도가 높은 곳에서는 산소가 희박합니다. 눈표범은 거대한 가슴 속에 커다란 폐를 지니고 있는 덕분에 숨을 더 많이 들이마실 수 있어요. 눈표범 특유의 아름다운 점무늬 털을 노린 사냥꾼들 때문에 이제 히말라야에 남은 눈표범은 3천 마리 남짓밖에 되지 않습니다.

반박 불가! 사실일까? -아니면- 틀렸다고?

A. 야크는 뿔로 눈을 파서 풀을 찾아 먹습니다.

B. 너구리판다는 곰의 한 종류인데, 대나무를 먹고 살아요.

C. 사향노루는 사향 때문에 목숨을 잃습니다. 사향은 갈색빛이 나는 왁스 성분의 분비물인데, 주로 향수를 만드는 데 쓰여요.

답은 책 뒤편에 있어요.

북극과 남극

지구 가열(지구 온난화)은 전 세계 누구에게나 걱정스러운 문제지만, 북극과 남극 그리고 툰드라 지방에서는 특히 많은 고민거리를 안겨줍니다. 이곳은 특별한 야생동물들의 소중한 서식지이며 지구의 기후와 해수면의 높이를 조절해 주는 데 중요한 역할을 하기 때문이지요.

지구 어디에?

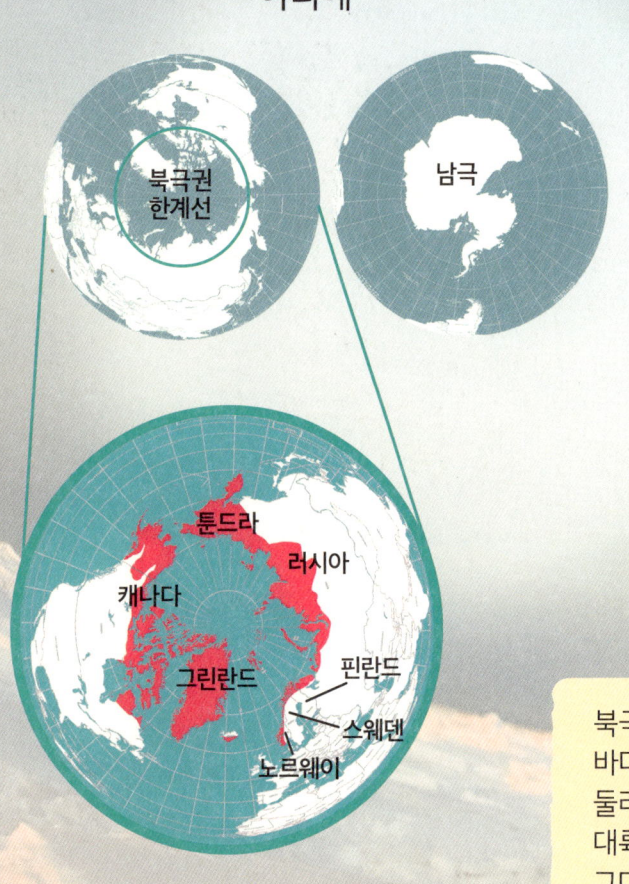

북극곰은 북극에 살아요. 북극은 북쪽 지역의 얼음 바다인데, '툰드라'라고 부르는 얼어붙은 땅이 주위를 둘러싸고 있어요. 남극은 지구의 가장 남쪽에 있는 대륙입니다. 북극과 남극 모두 밤이 길고 낮이 짧으며 그대로 얼어버릴 것 같은 추운 날씨가 지속되지요.

작지만 중요한 크릴새우

작은 크릴새우는 남극해에 없어서는 안 될 중요한 종이에요 (많은 동물의 주요 먹이랍니다). 어떤 지역에서는 크릴새우의 개체 수가 80퍼센트나 줄어들었어요. 만약 여기서 더 줄어든다면 다른 동물들은 결국 굶주리게 될 거예요.

기후 재앙

지구가 따뜻해지면서 얼음도 같이 녹고 있어요. 그 결과, 크나큰 재앙을 몰고 왔습니다.

바다 위의 얼음은 햇빛을 우주로 반사합니다. 이렇게 해서 지구를 시원하게 유지해 주어요.

태양

얼어붙은 땅이 녹으면서 온실가스를 배출합니다. 그러면 날씨가 점점 더워져요

얼음이 녹으면 전 세계 해수면의 높이가 올라갑니다. 그 결과, 해안 지역에서는 홍수가 일어나고 말아요.

얼음이 녹으면 햇빛이 그대로 바다에 들어갑니다. 이렇게 되면 바닷물이 따뜻해져요.

초록빛 미래를 위해

우리가 함께 노력하면 놀라운 결과를 가져올 수 있어요. 우리가 자연과 야생동물에 끼치고 있는 피해를 줄이기 위해 빨리 행동에 옮기는 것이 무엇보다 중요하지요. 여러분은 더욱 초록초록한 미래를 위해 자신이 할 수 있는 활동이 무엇이 있는지 알아보아요.

네팔의 치트완 국립공원에 사는 아시아코뿔소는 유네스코가 지정한 보호 동물입니다. 유네스코는 국제기구로서 아프리카코끼리의 서식지인 케냐 국립공원 등 213개 자연 서식지를 보호구역으로 지정했습니다. 여러분이 사는 곳에도 유네스코처럼 도움을 줄 수 있는 기구가 있나요?

과학은 답을 알고 있다

과학과 기술, 공학, 수학 등은 지구의 미래를 연구하는 데 중요한 분야입니다. 우리는 우리가 얼마나 큰 피해를 끼치고 있는지, 그리고 그 해결책이 무엇인지 알기 위해 과학을 이용해야 해요. 플라스틱 소재가 아닌 새로운 물질이라든지, 우간다의 열대우림에 사는 고릴라의 개체 수를 확인하는 장치, 또는 친환경 비행기를 만들어보지 않을래요?

본받아요, 우리!

전 세계의 어린이와 젊은이들이 우리가 사는 방식을 바꾸도록 캠페인을 하고 있어요. 이들은 정치인들과 기업들뿐만 아니라, 일반인들에게도 기후 변화는 현실이며 시급한 문제라는 것을 솔직하게 말하고 설득하길 바라고 있어요. 여러분도 여러분이 사는 지역과 국가에서 벌이는 캠페인에 참여하여 당당하게 목소리를 낼 수 있습니다.

여러분의 미래를 위해 싸울 수 있는 다섯 가지 방법!

이제 지구에 닥친 위험한 현실에 대해 잘 알았으면, 행동을 개시할 차례예요! 자연의 서식지를 돕는 일은 바로 여러분의 집에서부터 시작됩니다.

 우리 주변에 자연 서식지와 야생동물을 보호하는 자연 보호 단체가 있다면 함께 참여하세요.

 가능한 한 어디에서나 쓰는 것을 줄이고, 재활용하고, 재사용하여 에너지와 자원을 아껴요.

 입소문이 중요하지요. 이 책을 친구에게 빌려주세요!

 세계자연기금이나 국제 자연보호연합과 같은 보호 기구에 대해 더 알아보아요.

 정부나 지방 자치 단체의 게시판에 건의를 올려요. 온라인 서명을 하거나 어른들에게 어떻게 하면 좋을지 질문해요.

우리나라의 생물 다양성

한반도 생물의 지리적 분포

2017년 현재까지 한반도에 분포하는 것으로 확인된 동물은 2만 8,639종입니다. 한반도는 남북으로 길게 뻗어 있어 위도에 따라 식물의 분포 양상에 뚜렷한 차이가 있으며, 다양한 생태계가 펼쳐져 있어 많은 고유 식물이 살고 있습니다. 현재까지 한반도에서 확인된 식물은 5,443종입니다. 한반도의 식물 지리구는 8개의 아구*로, 동물 지리구의 2개의 아구로 나뉩니다.

한반도 멸종위기 야생동물

야생생물의 멸종을 막기 위해 법으로 보호하는 생물들이 있습니다. 환경부는 자연적 또는 인위적 위험 요인으로 개체 수가 현저하게 감소해 멸종위기에 처한 생물을 Ⅰ급, 현재의 위협 요인이 제거 또는 완화되지 않으면 미래에 멸종위기에 처할 우려가 있는 야생생물을 Ⅱ급으로 지정하여 야생생물 보호 및 관리에 관한 법률로 보호하고 있습니다.

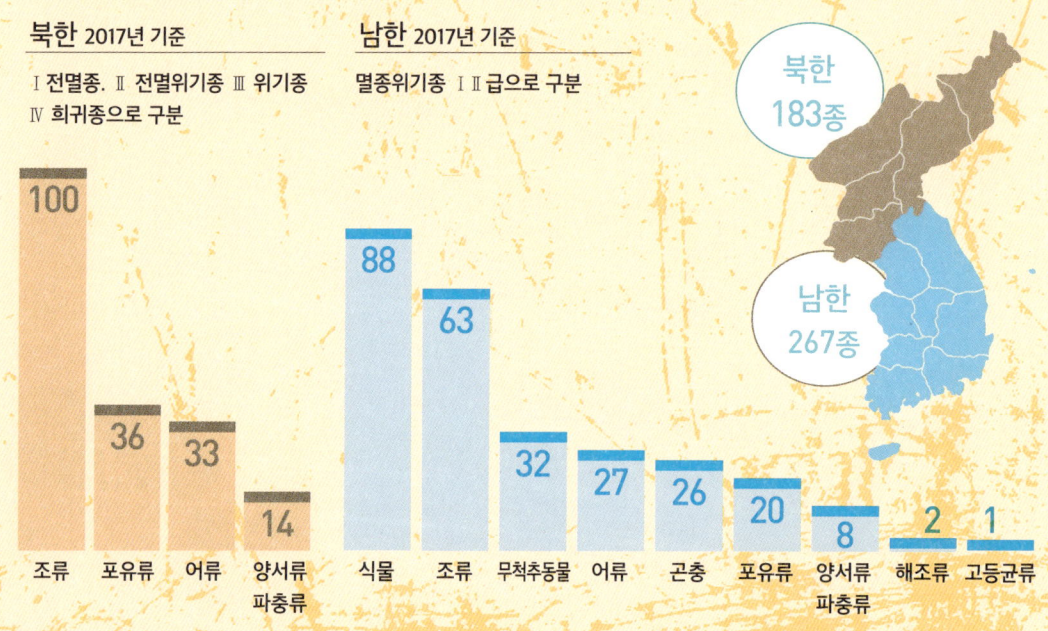

북한 2017년 기준
Ⅰ 전멸종. Ⅱ 전멸위기종 Ⅲ 위기종 Ⅳ 희귀종으로 구분

남한 2017년 기준
멸종위기종 ⅠⅡ급으로 구분

북한 183종
남한 267종

북한: 조류 100, 포유류 36, 어류 33, 양서류·파충류 14
남한: 식물 88, 조류 63, 무척추동물 32, 어류 27, 곤충 26, 포유류 20, 양서류·파충류 8, 해조류 2, 고등균류 1

*아구: 생물 종의 분포에 따른 영역 구분으로, 구계보다 좀 더 세분된 유연관계를 나타내는 영역 단위.

적색목록

멸종에도 '급'이 나뉘어 있습니다. 물론 모든 종은 소중하지만 다른 동물에 비해 보호가 시급한 종이 있다면 특정 생물에 집중해야 할 필요도 있습니다. 이를 위해, 전 세계적으로 활용되는 목록이 '국제자연보호연합 적색목록'입니다.

적색 자료집(RED DATA BOOK)이란 멸종 가능성이 높은 야생동식물의 목록을 모은 책입니다. 1966년 국제자연보호연합이 일반인의 관심을 높이기 위해 멸종될 우려가 있는 야생생물의 목록을 그 위험성의 정도에 따라 등급을 정하고, 표지에는 위험을 의미하는 빨간색을 사용한 데서 이름이 유래되었습니다.

국제자연보호연합은 모든 종을 총 9개로 분류해 적색목록에 올립니다.

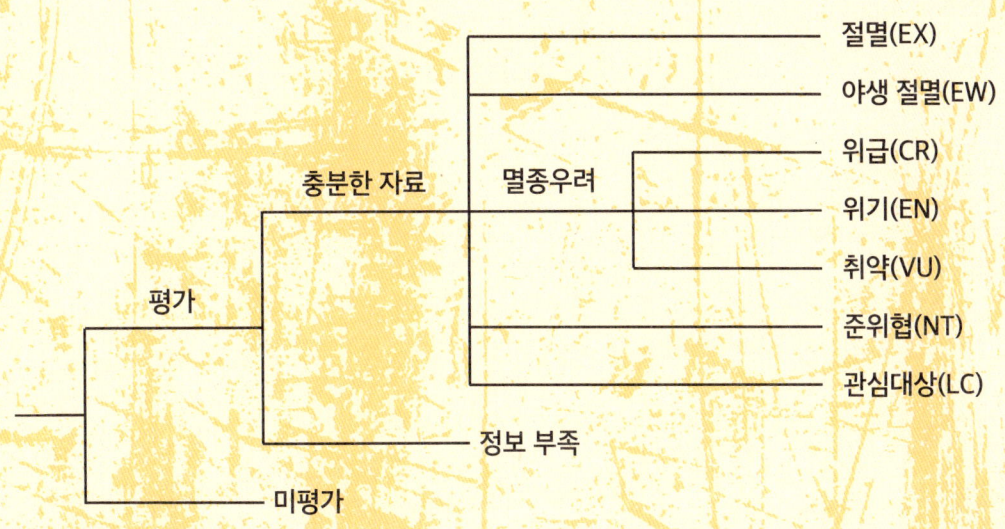

우리나라 적색목록(RED LIST) 현황(2011년, 환경부)

범주	계	조류	양서·파충류	어류
지역 절멸(RE)	4종	3종	-	1종
위급(CR)	5종	1종	-	4종
위기(EN)	36종	18종	5종	13종
취약(VU)	50종	36종	5종	9종
그 외	119종	37종	33종	49종
계	214종	95종	43종	76종

우리 주변의 멸종위기 생물

한 종류의 생물이 완전히 없어지는 것을 '멸종'이라고 합니다. 전 세계의 많은 동물이 자원개발과 환경오염으로 인한 서식지 파괴와 기후 변화로 인해 멸종위기에 처해 있습니다.

그럼 대표적으로 어떠한 생물들이 있는지 살펴볼까요?

먼저, 반달가슴곰은 환경부 멸종위기 야생생물 1급이자 천연기념물 제329호로 지정되었습니다. 가슴에 흰 초승달 무늬가 있는 반달가슴곰은 과거에는 백두대간을 중심으로 한반도 곳곳에 살았지만 사냥하는 사람들이 많아 현재는 멸종 직전에 이른 상태입니다.

수달 역시 멸종위기 야생생물 1급으로 지정되어 보호를 받고 있습니다. 모피에 이용되는 수달을 잡아가고 하천을 개발하면서 수달이 살 곳이 적어져 수달의 수는 빠르게 줄어들었습니다.

커다란 새로 알려진 황새는 과거에는 한국의 중부 지방에 번식하는 새였습니다. 그러나 서식지가 오염되면서 더 이상 한반도에서 황새를 찾아볼 수 없게 되었어요. 한반도의 황새는 멸종위기야생생물 1급으로 지정되어 천연기념물로 보호받고 있습니다.

늪이나 연못에서 자라는 매화마름은 농경지 개발 등으로 환경부 멸종위기 야생식물 2급으로 지정되었습니다. 멸종위기 야생생물 1급의 한란은 제주도에만 자라는데 사람들이 무분별하게 가지고 가서 멸종위기를 맞고 있습니다.

한반도 고유종

지리적으로 한정된 지역에만 자연적으로 분포·서식하는 생물을 '고유종'이라고 합니다. 특성상 개체군의 크기와 분포 범위가 작아 환경변화에 취약합니다. 외래종과의 경쟁에서 열성인 경우가 많고, 유전적 교란을 받을 가능성이 크기 때문에 꾸준한 관리가 중요합니다.

우리나라의 생물 다양성

한반도는 동고서저의 지형, 삼면을 둘러싼 바다와 3,000여 개의 섬, 그리고 사계절이 뚜렷한 기후의 영향으로, 동일 면적의 다른 지역에 비해 생물 종이 매우 다양하고 풍부하며, 고유성도 높아 약 10만 종의 자생생물이 서식하는 것으로 추정되고 있습니다.

우리나라 생물 종 현황

국내 확인 생물 종 수
4만 9,027

척추동물
1,984

무척추동물
2만 6,665

식물
5,443

균류·지의류
5,056

조류
5,920

미생물
3,969

- 포유류 125
- 조류 527
- 양서류·파충류 53
- 어류 1,279

- 곤충 1만 7,593
- 조곤충을 제외한 절지동물 4,250
- 그 외 무척추동물 4,822

- 겉씨식물 54
- 속씨식물 4,171
- 양치식물 293
- 선태류 925

- 균류 3,923
- 지의류 1,133

- 돌말류 2,080
- 윤조류 935
- 녹조류 789
- 그 외 조류·어류 2,116

- 원생생물 1,890
- 원핵생물 2,079

(국가생물자원 종합인벤토리 구축사업, 2017년)

우리는 생태계로부터 어떠한 도움을 받고 있을까요?

생물 다양성의 가치

우리는 많은 생물에 둘러싸여 있을 뿐만 아니라 이들로부터 많은 도움을 받고 있습니다. 이러한 생태계 서비스의 기반이 되는 생물 다양성은 인류의 생존과 문명의 바탕이 되며 인류에게 경제적 이익도 주지만, 경제적으로 환산할 수 없는 더 큰 가치도 지니고 있습니다.

지구 생태계를 지켜주는 생물 다양성

토양 형성, 이산화탄소의 흡수, 물·기후 조절 및 정화 기능, 자연재해로부터의 보호

우리의 삶을 오래도록 지켜주는 생물 다양성

식품, 의약품, 에너지, 목재

우리의 감성을 편안하게 해주는 생물 다양성

문화적·미학적 가치

과학 기술의 원천이 되는 생물 다양성

기초 생물학적 연구와 생물 진화 현상을 이해하는 생명과학 연구

생물자원

생물자원이란 인류를 위해 실질적으로 이용되거나 잠재적으로 이용 가치가 있는 유전자원, 생물체 또는 생물체의 일부분, 집단, 생태계 내 생물학적 부분을 말합니다.

생물자원의 다양한 활용

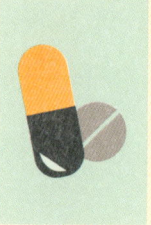
- 의약품의 70%가 생물자원을 이용
- 항암치료제의 40% 이상이 생물 유래 물질

버드나무 ⇨ 아스피린(해열진통제)
서양주목 ⇨ 택솔(항암제)

- 노화 방지, 탄력, 미백 등에 필요한 기능성 화장품의 주요 성분은 생물자원에서 유래

지렁이 ⇨ 보습 기능
황칠나무 ⇨ 피부노화 방지

- 2020년에는 바이오에너지가 전 세계 에너지 수요의 15%를 차지할 것으로 전망

옥수수·콩 ⇨ 바이오알코올
유채 ⇨ 바이오디젤

- 생물의 특정 성분을 이용하여 새로운 기능을 가진 바이오 신소재 개발

누에고치 실크단백질 ⇨ 인공뼈
옥수수 전분 ⇨ 섬유

생물 다양성 보전을 위한 국제적 노력

　서식지 훼손과 기후변화, 지구 온난화 등이 지속되면 2050년에는 지구 생물 종의 25퍼센트가 멸종될 거예요. 그래서 전 세계는 다양한 협약을 맺어 생물 다양성 보존을 위해 함께 노력하고 있답니다.

람사르 협약(RAMSAR CONVENTION) - 국제적으로 중요한 습지에 관한 협약
- 채택연도 : 1971년
- 목적 : 철새의 중계지나 번식지가 되는 습지보호
- 가입규모 : 159국
- 우리나라 가입연도 : 1997년

멸종위기에 처한 야생 동식물의 국제 거래에 관한 협약(CITES)
- 채택연도 : 1973년
- 목적 : 세계적으로 멸종위기에 처한 야생 동식물의 보호 및 상업적 거래 규제
- 가입규모 : 175개국 • 우리나라 가입연도 : 1993년

생물 다양성 협약(CONVENTION ON BIOLOGICAL DIVERSITY)
- 채택연도 : 1992년
- 목적 : 생물 다양성을 보전하고 생물자원의 지속적인 이용과 유전자원의 국가간 공정한 이익 분배 등.
- 가입규모 : 193개국
- 우리나라 가입연도 : 1994년

자료출처: 국립생물자원관

용어 해설

가축
소나 닭, 양과 같이 농장에서 사육하는 동물.

광합성
식물이 햇빛과 물, 산소를 먹이로 바꾸는 화학 작용.

구계
생물지리학에서 사용하는 지역 구분. 생물의 지리적 분포와 생태적 특성을 조사하여 그 특성에 따라 지역을 구분한다.

기후
오랜 시간에 걸쳐 어떤 지역에서 나타나는 날씨의 평균.

남획
지나치게 많이 잡는 것.

대기
지구나 달, 별 등을 둘러싸고 있는 가스층. 중력의 힘으로 밖으로 빠져나가지 않고 제자리에 머물러 있습니다.

대륙
지구의 가장 윗부분에 해당하는 거대한 땅덩어리로, 그 아래에는 뜨거운 액체가 있습니다. 지구에는 아프리카, 남극, 아시아, 오세아니아, 유럽, 북아메리카, 남아메리카 등 일곱 개의 대륙이 있으며, 그 안에서 또 여러 나라로 나눠집니다.

독성
독이 있거나 식물, 동물에게 해를 일으키는 것.

메탄
식물성 소재가 산소가 없는 곳에서 분해될 때 나오는 강력한 온실가스입니다. 천연가스의 대부분이 메탄입니다.

멸종
완전히 사라져 버린 동물이나 식물의 종.

멸종위기종
멸종(영원히 사라짐)할 위험에 처한 동물이나 식물의 종.

미세먼지
아주 작은 물질로 어떤 물질이 불에 탈 때, 공기 중으로 잘 퍼져 나갑니다.

산성
화학물질로, 보통 물에 녹아서 다른 물질을 분해하거나 화학 반응을 일으킵니다.

산소
색깔도 없고, 냄새도 없는 기체로 주로 식물이 생산합니다. 동물과 사람이 살아가는 데 꼭 필요합니다.

삼림 벌목
수많은 나무를 잘라내어 자연 삼림의 크기가 줄어드는 것.

생물군
숲이나 사막, 초원 등 특정 서식지에 사는 모든 동물과 식물을 통틀어 일컫는 말.

생물 다양성
동물과 식물이 서식지에서 사는 범위. 어떤 지역에서는 다른 곳보다 더 다양한 생물이 살기도 합니다. 보르네오섬의 열대우림 중 2분의 1제곱킬로미터에만 해도 유럽과 아메리카를 합한 수보다 더 많은 나무가 있답니다.

생태계
어떤 한 장소에 모여 사는 동물과 식물의 공동체. 여기에는 물과 흙 같은 무생물도 포함됩니다. 어떤 생태계에 속해 있는 일원 중 하나만 없애도 생태계 전체를 위협할 수 있습니다.

서식지
동물이나 식물, 특정 종의 생물이 거주하는 자연환경.

열대 지방
적도 주변의 덥고 습한 지역을 가리킵니다.
적도는 지구의 한가운데를 빙 둘러싼 가상의 선을 의미합니다.

영장류
손이 있고 눈이 얼굴 앞에 달린 포유류를 말합니다. 고릴라와 여우원숭이, 원숭이와 인간이 모두 영장류에 속합니다.

온대기후
열대 지역과 극지방 사이에서 온화한 기후를 유지하는 지역. 온대기후에서는 보통 일 년에 사계절을 모두 경험할 수 있습니다.

온실가스
우리 지구를 둘러싼 이산화탄소와 메탄 등의 가스로, 지구를 따뜻하게 유지해 줍니다.

이산화탄소(CO_2)
색깔도 없고 냄새도 없는 가스로 석탄이나 석유, 가스 등을 태울 때 나옵니다. 화산에서도 CO_2를 분출하며, 동물과 인간이 숨을 내쉴 때도 나옵니다.

적도
지구의 한가운데를 둘러싸고 있는 가상의 선.

적응
동물이 환경에 맞게 신체 조건이나 행동을 바꾸는 능력을 말합니다. 만약 환경이 갑자기 바뀌면, 그만큼 빨리 적응하기 힘들어 살아남기 힘들 수도 있습니다.

재도입
과학자들이 특정 지역에서 사라졌던 종을 다시 원래 있던 서식지로 되돌려 놓은 뒤, 새끼를 낳고 번식할 수 있도록 도와주는 일.

종
아프리카코끼리나 벵갈호랑이와 같이 어떤 생물의 한 종류를 말합니다. 일반적으로 어떤 종의 일원은 다른 종의 일원과 짝짓기를 할 수 없습니다.

지속가능한
고갈되지 않고 계속해서 모으거나 기를 수 있는 것을 말합니다. 즉, 바다에 물고기가 번식할 수 있도록 개체 수를 유지하면 물고기를 잡더라도 다른 물고기가 그 자리를 대신할 수 있습니다.

토착종
어떤 한 지역에서만 볼 수 있는 식물이나 동물. 예를 들어, 코알라는 동부 호주 숲의 토착종입니다.

툰드라
북극권의 남쪽 지역으로 땅이 지속해서 얼어 있습니다.

포식자
다른 동물을 사냥하여 잡아먹는 동물.

포유류
머리카락이나 털이 있으며, 아기를 낳고 젖을 먹여 키우는 동물.

핵심종
생태계가 제대로 돌아가는 데 꼭 필요한 종. 프레리도그가 이러한 경우인데, 프레리도그가 없으면 생태계 전체에 심각한 피해를 가져옵니다.

화석 연료
자연에서 나오는 석유, 가스, 석탄 등을 말하는데, 땅속에 묻혀 있던 식물과 동물이 수백만 년에 걸쳐 분해되며 생깁니다.

해답

13페이지
A가 정답입니다.
B는 틀렸어요: 야자유 농장은 최소 193종 이상의 동물들의 숲속 보금자리를 모조리 차지하고 말았어요.
C도 오답입니다.

23페이지
A가 정답입니다.
B는 틀렸습니다.
C도 정답입니다.

31페이지
(1) B, (2) C, (3) A

<보리얼 숲>
북방침엽수림(북방림)을 일컫는 말로, 북방침엽수림대의 대부분이 있는 러시아, 미국 알라스카 최북단, 스칸디나비아, 북유럽 국가가 해당됩니다.

37페이지
A가 맞아요.
B는 틀렸어요: 풀꽃은 바람으로 수분한답니다.

41페이지
(1) B, (2) C, (3) A
(3A에는 비닐로 포장이 되어 있지 않을뿐더러 소고기도 쓰지 않았어요. 그러니 건강하지요.)

51페이지
A는 틀렸어요: 바다에는 적어도 2만 여종의 물고기가 있을 거라고 해요.
B와 C는 맞습니다.

55페이지
(A)라면: 여러분은 친환경적인 바다의 수호자예요. 잘했어요!
(B)라면: 플라스틱 악당은 플라스틱을 쓰고 그냥 버리지요. 방법을 바꾸시길!
(C)라면: 나름의 방식으로 에너지를 잘 아끼고 있군요! 하지만 지구를 구하기 위해 좀 더 노력할 수 있어요!

59페이지
A는 맞아요.
B는 틀렸어요: 너구리판다는 곰보다는 너구리에 가까워요. 하지만 주식으로 대나무를 먹지요.
C는 맞았어요.

[더 알아보아요]
Panda.org에 들어가 세계자연기금이 우리의 동물을 보호하기 위해 어떻게 기후변화에 맞서고 있는지 알아보세요.
conservation.org에서는 국제보호협회에서 어떤 일을 하고 있는지 알 수 있고요, **oceana.org**에서는 오세아니아의 나라들이 세계의 바다를 보호하기 위해 어떤 활약을 펼치고 있는지 볼 수 있습니다.
https://www.nibr.go.kr / 국립 생물 자원관에서는 어떤 일을 하는지 알아보고 전시·교육에 참여하세요.
https://species.nibr.go.kr / index. do 국립생물자원관, 한반도의 생물다양성에서 한반도의 다양한 생물의 사진과 분포 지역에 대해 알아보아요.